AF564181

NOTICE

SUR

M. L'ABBÉ CHEVEREAU

VICAIRE GÉNÉRAL DE MONSEIGNEUR L'ÉVÊQUE DU MANS

PAR

Par M. l'abbé F. PICHON

Chanoine honoraire, Secrétaire de l'Évêché du Mans

Conserver la couverture

AU MANS
TYPOGRAPHIE LEGUICHEUX-GALLIENNE
15, RUE MARCHANDE, ET RUE BOURGEOISE, 16

—

1880

NOTICE

SUR

M. L'ABBÉ CHEVEREAU

VICAIRE GÉNÉRAL

DE MONSEIGNEUR L'ÉVÊQUE DU MANS

La sainte Écriture nous recommande de louer les hommes plus distingués par leurs vertus ou les services qu'ils ont rendus, et qui sont comme nos pères dans la foi (1). Le deuil causé à tout le diocèse par la mort si subite et si regrettable de M. l'abbé Chevereau, ancien supérieur du séminaire et vicaire général depuis près de quarante ans, montre assez que ce vénérable ecclésiastique est un de ces hommes dont nous parle l'auteur sacré, et dont la piété et la reconnaissance nous font un devoir de conserver lo souvenir.

I

M. Hippolyte CHEVEREAU était né à Saint-Gervais-en-Belin, le 22 mars 1806, d'Étienne Chevereau, notaire et maire de cette commune, et de Marie Fouineau. Il perdit d'assez bonne heure ses parents ; mais la divine Providence lui ménagea, et à ses frère et sœur plus jeunes, un soutien et un protec-

(1) *Laudemus viros gloriosos et parentes nostros. Ecclésiastique*, chap. XLIV.

teur dans un frère aîné qui en 1821 remplaça son père comme notaire et maire de Saint-Gervais. M. l'abbé Chevereau conserva jusqu'à la fin un respect presque filial pour ce frère devenu le chef de la famille, et mort à un âge avancé après une carrière très honorable (1).

M. Chevereau fut envoyé au collège de Château-Gontier pour ses études classiques : il annonçait le désir de se consacrer à Dieu dans l'état ecclésiastique, et ce collège, très florissant sous l'habile direction du vénérable M. Horeau, était la maison où se rendaient en plus grand nombre les jeunes gens qui se destinaient au sacerdoce. Il y trouva pour professeur M. l'abbé Bataille, lequel bien des années après, retiré au Mans et chanoine honoraire de la Cathédrale, resta jusqu'à sa mort un de ses amis les plus intimes.

II

Après avoir terminé ses études au collège de Château-Gontier, M. Chevereau entra au séminaire du Mans en 1823. En 1825 et 1826, nous voyons son nom au premier rang parmi les séminaristes chargés de soutenir les thèses publiques de théologie (2), et figurant avec honneur dans la liste de ceux qui s'étaient le plus distingués par leur

(1) M. Chevereau aîné resta notaire jusqu'en 1839, et maire de Saint-Gervais jusqu'à la fin de sa vie. En 1847, il fut nommé conseiller d'arrondissement pour le canton d'Ecommoy, et le gouvernement de l'Empereur récompensa, en 1864, par la croix de la Légion d'honneur, les longs services rendus au pays par M. Chevereau, mort en 1875.

(2) Parmi les concurrents de M. l'abbé Chevereau nous retrouvons MM. Coulon, archiprêtre de la Flèche; Forget, mort archiprêtre de Bonnétable; Gontier, chanoine titulaire de la cathédrale du Mans; Bouvier, ancien supérieur du séminaire, décédé chanoine de la cathédrale; Bouttier, ancien supérieur du petit séminaire; Bouvet, décédé doyen de la Suze, et Toury, décédé vicaire général. En 1826, M. Chevereau partagea *ex æquo* le premier prix de Théologie avec M. Cherruau, décédé peu de temps après s'être démis de la cure de Marolles-les-Braults.

travail et leurs succès. L'ensemble des qualités qui recommandaient M. l'abbé Chevereau engagea l'administration diocésaine à l'envoyer à Saint-Sulpice, à Paris, pour compléter ses études théologiques et surtout pour se former, dans la société des directeurs de ce célèbre séminaire, à l'art si difficile de la conduite des âmes et de la formation du clergé séculier.

Pendant son séjour à Paris il reçut la prêtrise des mains de Mgr de Quelen, archevêque de Paris, dont il conservait la statuette sur la cheminée de sa salle à manger. Il avait, en effet, le culte des souvenirs ; et ses appartements étaient remplis de pieux reliquaires, de tableaux ou de gravures qui lui rappelaient des personnes ou des lieux qu'il affectionnait davantage.

III

A son retour de Paris, M. l'abbé Chevereau fut chargé du cours de philosophie au petit séminaire de Tessé, et dès l'année suivante, en 1829, il remplaça M. l'abbé Moreau dans la chaire de théologie dogmatique au séminaire Saint-Vincent.

Tous les prêtres qui eurent l'avantage, pendant les onze années qu'il fut chargé de ce cours si important, de l'avoir pour professeur, n'oublieront pas la solidité et l'éclat de son enseignement, où le cœur n'avait pas moins à profiter que l'intelligence. Il voulait « que la théologie s'adressât à l'esprit « pour l'éclairer, afin d'arriver au cœur pour y exciter de « pieuses et saintes affections, des résolutions fortes et géné« reuses ; qu'elle s'attachât à l'homme tout entier pour le « sanctifier et le diviniser en quelque sorte par la connais« sance et l'amour de Dieu. »

Il craignait que « l'étude de la théologie au lieu de rani« mer le sentiment religieux et de lui offrir un nouvel ali-

« ment ne servît qu'à dessécher le cœur et à tarir la source « des plus douces émotions de la piété. »

« Si, disait-il encore, dans l'étude et l'enseignement de la « théologie l'intelligence l'emporte sur le cœur.... il arrive « presque inévitablement qu'avec beaucoup de connaissances « théologiques, avec un grand attrait pour cette étude, la « plus noble de toutes, l'on s'habitue à demeurer comme « insensible en présence des vérités les plus capables d'exciter « et de développer le sentiment de la piété. »

« Il ne craignait pas moins que les prêtres, accoutumés à ne « voir dans les questions les plus hautes et les plus fondamen- « tales de la théologie que des arguments, des objections et des « réponses, ne transportassent dans la chaire chrétienne cette « méthode scholastique, excellente pour les discussions théo- « logiques, mais d'un effet déplorable pour les simples fidèles « qui ne retrouvent plus dans une instruction qu'une suite in- « terminable de propositions sèches, d'objections et de ré- « ponses plus sèches encore. »

Ces réflexions sur l'enseignement et l'étude de la théologie nous font connaître l'esprit qui animait l'éminent professeur ; elles sont tirées de la préface, mise par M. Chevereau en tête d'une nouvelle édition de la théologie affective de Bail, qu'il publia en 1845, « offrant ce travail à ses anciens élèves « comme un gage de l'affection qu'il leur avait vouée » (1). Le succès de cette publication montra que M. Chevereau ne s'était pas trompé sur le mérite d'un ouvrage qui offre un exposé exact et raisonné, autant que pieux, de toutes les questions théologiques.

(1) *Théologie affective* ou *saint Thomas en méditation*, par Louis Bail. Edition revue et corrigée par un ancien professeur de théologie ; 5 vol. in-8°. Au Mans, chez Gallienne, 1845.

En 1855, M. Chevereau publia, chez le même éditeur, une seconde édition du même ouvrage.

Il avait aussi songé à donner une nouvelle édition de l'*Abrégé de Théologie* du P. Amelotte : « Ce n'est plus, disait-« il, le genre de la *Théologie affective* : la manière du P. Ame-« lotte est plus sèche, plus substantielle, plus nourrie de l'Ecri-« ture Sainte et de citations des Pères et des écrivains ecclé-« siastiques qui les ont suivis. C'est, d'un bout à l'autre, de « la doctrine toute pure; mais il nous a paru qu'elle pouvait « servir utilement comme d'introduction à la *Théologie affec-« tive*, et que la lecture qu'on en ferait ne pourrait qu'élever « l'âme et l'instruire des secrets d'une religion à laquelle se « rattachent tous les grands intérêts des temps et de l'éter-« nité, de la science et de la piété. »

Il avait préparé une introduction, qu'il fit imprimer en 1857, mais qui est restée à l'état d'*épreuve*, dans laquelle il fait l'histoire du P. Amelotte, l'un des disciples les plus chers du cardinal de Bérulle et du Père de Condren, et intimement lié avec M. Olier, fondateur du séminaire de Saint-Sulpice. Il y donne aussi un aperçu sur la doctrine mystique et sur l'esprit de l'Oratoire, lequel repose tout entier sur le mystère de l'Incarnation, estimant cette étude nécessaire pour mieux apprécier l'ouvrage du P. Amelotte, qu'il se proposait de publier. Il termine ainsi cette introduction : « Nous voudrions « que notre travail, qui se borne à un petit nombre de cor-« rections et à quelques notes explicatives, eut en soi quelque « valeur. Nous oserions en faire un double hommage : et à « la vénérable société de Saint-Sulpice et à la mémoire qui « nous sera toujours si chère de Monseigneur Jean-Baptiste « Bouvier, qui fut notre premier maître dans l'étude de la « théologie.... Nous serions heureux de témoigner ainsi de « nos sentiments de reconnaissance et de profonde estime « pour cette société de Saint-Sulpice, dont nous avons eu « l'occasion de parler plusieurs fois dans cette introduction,

« et au sein de laquelle nous avons passé des jours dont le « souvenir sera un des plus précieux de notre vie. »

Nous ignorons pourquoi M. l'abbé Chevereau ne donna pas suite à son projet qu'il n'abandonna pas sans quelques regrets.

IV

En 1833, M. de Caumont avait réuni à Caen le premier congrès archéologique pour la conservation des monuments historiques. M. Cauvin (1) y assistait et il avait pris l'engagement de travailler à des recherches historiques sur le Maine. Il fit connaître cette œuvre à ses nombreux amis. Une société ne tarda pas à se former au Mans pour l'étude et la conservation des monuments que nous a laissés le moyen âge, monuments dont on commençait à mieux apprécier la beauté. M. l'abbé Chevereau fut un des premiers membres de cette société; et encouragé par Mgr Bouvier il commença au séminaire un cours élémentaire d'archéologie. Plus que personne les prêtres sont intéressés à la conservation des monuments que nous a légués la foi de nos pères, et par conséquent à les connaître et à empêcher les restaurations souvent plus fâcheuses que des ruines. Dans le congrès archéologique qui se réunit au Mans en juin 1837, M. l'abbé Chevereau rendit compte de ses efforts et de ses espérances ; son discours mérita l'approbation du congrès et eut un grand retentissement dans la France entière (2). De tous côtés on applaudit à l'heureuse initiative prise au séminaire du Mans.

(1) M. Thomas Cauvin, ancien oratorien et professeur de l'Université, a publié dans l'Annuaire de la Sarthe de nombreux travaux historiques sur le département. Son ouvrage le plus remarquable est la *Géographie ancienne du diocèse du Mans*. Un vol. in-4°.

(2) *Discours* prononcé par M. l'abbé Chevereau, professeur au grand séminaire du Mans, à la réunion générale de la Société française pour la conservation des monuments historiques. — Juin 1837, à Caen, chez Hardel. In-8° de 16 pages.

Ces années de professorat au grand séminaire furent une des parties les plus brillantes de la vie de M. l'abbé Chevereau. Bien des fois plus tard il regretta, dans une vie moins occupée, l'obligation dans laquelle il s'était trouvé de se livrer à un travail incessant pour maintenir toujours son enseignement de la théologie dogmatique à la hauteur où il avait su l'élever dès les premiers pas.

Il aimait aussi à encourager dans leurs études les séminaristes qui montraient plus de talent et d'application, et pour cela ne craignait pas d'ajouter aux travaux ordinaires qu'exigeait la préparation très soignée de ses cours. Mgr Berneux nous en rend témoignage dans une lettre écrite le 3 novembre 1834 à M. de la Bouillerie (1). Nous ne surprendrons personne non plus en affirmant que M. l'abbé Chevreau était très goûté comme directeur spirituel. En outre de la douceur et de l'affabilité, qui ouvrent les cœurs, il avait éminemment cet esprit de piété qu'il voulait qu'on joignît à l'étude spéculative de la théologie. Quoique très jeune encore, M. l'abbé Chevereau se trouvait donc aux yeux de tous un des directeurs les plus influents du grand séminaire.

En 1840, M. l'abbé Heurtebize, supérieur du séminaire, ayant fait sa démission, Mgr Bouvier lui donna pour successeur M. l'abbé Chevereau qui reçut alors des lettres de vicaire général honoraire. Deux années après, M. Lambron, premier vicaire général titulaire, étant décédé subitement, et M. Bourmault, second vicaire général, se trouvant par suite de l'âge et de la maladie dans l'impossibilité de continuer ses fonctions, Mgr Bouvier appela auprès de lui, pour les remplacer, M. Chevereau, supérieur du séminaire et M. l'abbé Vincent, son secrétaire particulier, ancien professeur de dogme au grand séminaire.

(1) Vie de Mgr Berneux, 2e édition, p. 6.

La position de M. l'abbé Chevereau, premier vicaire général, était assez délicate. Les difficultés survenues entre l'évêque du Mans et le chapitre cathédral n'étaient pas encore complètement terminées. Chargé de représenter Mgr Bouvier, dans les réunions capitulaires, M. Chevereau sut, par sa modération et son tact, éviter tout froissement nouveau et consolider la paix dans le chapitre.

V

Dans l'organisation actuelle de l'Église de France, les questions de jurisprudence administrative pour la gestion des biens des fabriques ou des communautés religieuses, et les rapports avec les autorités civiles tiennent une grande place. Mgr Bouvier s'occupait très activement de toutes ces questions, et secondé par ses secrétaires il suffisait à toutes les exigences d'une administration aussi compliquée qu'incessante dans le diocèse du Mans alors si étendu. La divine Providence avait disposé M. l'abbé Chevereau pour d'autres travaux plus en rapport avec ses éminentes qualités d'esprit et de cœur et peut-être aussi avec le besoin de relations sociales auxquelles il s'était accoutumé. Dans le dernier rapport publié sur les œuvres de la conférence de Saint-Vincent-de-Paul de la ville du Mans, M. Fouqueray rappelait que c'était grâce au concours et aux conseils de M. l'abbé Chevereau et de deux autres ecclésiastiques du Mans, que plusieurs jeunes gens s'étaient réunis et avaient commencé l'œuvre des conférences, qui a produit tant de bien pour ceux qui ont fait partie de cette association, et qui depuis quarante ans soulage au milieu de nous tant de misères morales et physiques.

Après même qu'il eut cessé de donner un concours aussi

actif à l'œuvre des conférences, M. Chevereau continua d'être le directeur spirituel de beaucoup de membres de cette société et de plusieurs autres personnes du monde (1).

VI

En 1846, M. l'abbé Chevereau fit pour la première fois le voyage de Rome. Pie IX venait d'être élu souverain pontife et toute l'Italie retentissait des témoignages d'enthousiasme qui saluèrent l'avènement du nouveau pape. Le pieux pèlerin fut vivement touché de son entrevue avec Pie IX et de tous les monuments de l'antiquité profane et sacrée dont Rome et l'Italie sont remplis. Il y retourna une seconde fois en 1852, avec Mgr Bouvier, qui allait offrir au Souverain Pontife le magnifique prie-dieu donné par la province de Tours; et, après deux autres voyages, il eut l'honneur, en 1869, d'accompagner Mgr Fillion comme théologien au concile du Vatican. Pendant ce long séjour, il eut plusieurs fois l'occasion de servir de guide dans la cité pontificale à quelques-uns de ses amis, et il remplit cet office avec autant d'empressement que d'érudition. L'intelligence si élevée de M. l'abbé Chevereau avait su comprendre les beautés de Rome, et son âme goûtait

(1) En 1856, M. l'abbé Chevereau publia une brochure intitulée : *A la mémoire de M. Platon Vallée, docteur médecin,* dans laquelle il se proposait surtout de faire connaître les longs combats que cette âme d'élite avait eus à soutenir pour redevenir chrétienne, et la mort si pieuse qui avait couronné une vie si honorable et si bienfaisante au point de vue purement humain. Plus que personne il avait été l'heureux confident de ces luttes et de la victoire définitive. Mgr l'Évêque de Dijon répondant, le 4 décembre 1862, à une lettre que M. Chevereau lui avait écrite à l'occasion d'une autre conversion semblable, lui disait : « Quand je pense que notre ministère n'a d'autre but que d'enseigner à trouver le bonheur possible en ce monde d'épreuves, tout en s'assurant, par la sainte observance de la religion, l'éternel bonheur des cieux, je me sens pénétré de reconnaissance envers la bonté de Dieu qui a daigné m'en honorer, et je le supplie de m'aider à en exercer dignement le miséricordieux ministère. Avouez, mon cher abbé, que nous sommes bien payés des peines et des fatigues de notre saint état, par de semblables consolations. »

le charme du souvenir des bienheureux apôtres et de tant de martyrs et de saints qui ont illustré cette ville par leur vie ou par leur mort. Rome était pour lui une véritable patrie. Il conservait l'espoir d'y retourner une dernière fois avant sa mort.

Nous savons que M. Chevereau prenait chaque jour des notes sur ses impressions de voyage, et nous avons lieu de croire qu'à son retour au Mans il a eu le temps de coordonner ces souvenirs qui lui étaient chers. Nous souhaitons que ce travail ne soit pas perdu, et que plus tard on en puisse donner au moins quelques extraits qui, nous n'en doutons pas, seraient lus avec le plus grand intérêt.

VII

Une des questions qui préoccupèrent le plus vivement l'administration de Mgr Bouvier fut la demande de l'érection d'un siège épiscopal à Laval. Dès l'année 1842 un mémoire fut publié à ce sujet; mais la question devint plus pressante lorsqu'en 1850 un comité se forma à Laval pour obtenir l'érection désirée, et que madame de Vaufleury eut fait donation d'un terrain pour le séminaire et de son hôtel qui devait servir de palais épiscopal pour le nouvel évêché.

Dans un avis administratif donné sur la libéralité de madame de Vaufleury, Mgr Bouvier déclara que dans sa conviction, fondée sur les plus fortes raisons, l'érection d'un évêché à Laval, serait un immense malheur religieux pour les deux départements de la Sarthe et de la Mayenne, et il annonçait que les motifs qui l'obligeaient à s'y opposer seraient plus amplement expliqués dans un mémoire rendu public.

M. l'abbé Chevereau fut chargé de la rédaction de ce *Mémoire*, avec la coopération de M. Bruneau, vicaire général et supérieur du séminaire. Il publia, le 26 août 1850 (1), son travail, qui ne convainquit nullement les partisans de l'évêché de Laval, et qui, nous devons l'avouer, ne répondit pas pleinement à l'attente de ceux qui se prononçaient contre cette érection.

Aujourd'hui la question est pleinement résolue. L'événement a montré que plusieurs des craintes exprimées dans le *Mémoire* n'étaient heureusement pas fondées, et que les deux diocèses de Laval et du Mans possédaient assez de sève catholique et de ressources temporelles pour former deux familles séparées et tenir un rang honorable parmi les diocèses de France.

VIII

La mort de Mgr Bouvier (2), donna bientôt aux partisans de l'érection d'un nouvel évêché l'occasion de faire des démarches plus actives pour obtenir des autorités religieuses et civiles la réalisation de leurs désirs. Premier vicaire capitulaire, M. l'abbé Chevereau crut qu'il était de son devoir de lutter de toutes ses forces pour maintenir le diocèse du Mans dans son intégrité primitive : il fit à cet effet de nombreuses démarches qui n'empêchèrent pas l'érection du nouveau siège épiscopal de Laval, désiré en réalité par le nonce apostolique

(1) *Mémoire contre la demande de l'érection d'un évêché dans la ville de Laval.* — In-8° de 60 pages, chez Gallienne, au Mans.

(2) A cette occasion, M. l'abbé Chevereau publia une petite brochure in-18, chez M. Monnoyer : *Les derniers instants de Mgr Bouvier, mort à Rome, le 29 décembre* 1854, par un ecclésiastique du diocèse. Ce travail eut deux éditions. Outre le mandement ordonnant des prières pour le repos de l'âme de Mgr Bouvier, celui pour le carême de 1855 et un troisième annonçant la consécration de Mgr Nanquette et l'installation prochaine des deux évêques du Mans et de Laval, M. Chevereau publia, comme vicaire capitulaire, quatre autres circulaires adressées au clergé du diocèse.

et par le pape Pie IX. Cette insistance ne fut probablement pas étrangère à la détermination que prit Mgr Nanquette, au dernier moment, de ne pas choisir comme vicaire général M. l'abbé Chevereau, qui resta seulement quelque temps membre du Conseil épiscopal du nouvel évêque du Mans.

Pourvu d'un canonicat de l'église cathédrale, M. l'abbé Chevereau supporta très dignement l'épreuve que lui avait ménagée la divine Providence et qui fut adoucie d'ailleurs par les regrets que le clergé et les fidèles du diocèse tinrent à honneur de lui exprimer. Profitant des loisirs qui lui étaient faits, il se livra, comme nous l'avons déjà dit, à des études théologiques pour une nouvelle édition du P. Amelotte. Il continua aussi l'exercice du saint ministère dans quelques communautés dont il était le confesseur extraordinaire, et auprès de nombreuses personnes qui recouraient à sa science et à sa piété. Nous ne saurions oublier de mentionner ici une œuvre qu'il remplit avec une persévérance bien admirable. Les petites sœurs des pauvres, retenues auprès de leurs vieillards, ne peuvent comme beaucoup d'autres religieuses se réunir à leur maison mère, ou dans quelques maisons centrales pour les exercices de leur retraite annuelle : elles la font dans chacune de leurs maisons. Pendant dix-huit années successives, M. l'abbé Chevereau voulut bien leur prêcher les exercices de cette retraite. La répétition des mêmes sujets et le soin scrupuleux avec lequel M. Chevereau préparait ses moindres instructions rendaient ce ministère aussi pénible pour lui qu'il fût consolant pour les bonnes petites sœurs de la ville du Mans.

IX

En 1858, M. Chevereau avait vu l'un de ses élèves appelé

à l'honneur de l'épiscopat (1). Revenu de Saint-Claude au Mans en 1862, Mgr Fillion ne pouvait faire moins pour son ancien professeur et son collègue dans l'administration de Mgr Bouvier, que de donner à M. l'abbé Chevereau des lettres de vicaire général honoraire. En 1866, la mort de M. Toury lui permit de lui rendre le titre de vicaire général titulaire, et enfin la mort de M. l'abbé Heurtebize rétablit M. Chevereau comme premier vicaire général, en juillet 1867. Moins que personne M. Chevereau pouvait penser qu'il survivrait au nouvel évêque du Mans qui était encore un des plus jeunes membres de l'épiscopat français. Cependant sept années plus tard, il avait la douleur d'annoncer au clergé et aux fidèles la mort de Mgr Fillion ; et de nouveau il était appelé à gouverner le diocèse du Mans comme vicaire capitulaire pendant la vacance du siège (2).

M. l'abbé Chevereau était supérieur de plusieurs communautés religieuses : des religieuses de Notre-Dame de La Flèche et de la Providence de la même ville, et des Tertiaires du Mont-Carmel au Mans. Chaque année il se rendait à Ruillé pour la retraite des sœurs de la Providence, auprès desquelles il fut chargé à plusieurs reprises de suppléer nos seigneurs les évêques du Mans pour des cérémonies de professions religieuses. La confiance qui résulta de ces rapports engagea les sœurs de la Providence de Ruillé à confier à M. l'abbé Cheve-

(1) Le même honneur était réservé à plusieurs autres élèves de M. l'abbé Chevereau. Sans compter le vénérable Mgr Berneux, vicaire apostolique de Corée, Mgr Sohier, évêque *in partibus* de Gadare, vicaire apostolique de la Cochinchine occidentale, et Mgr Pichon, vicaire apostolique de Su-Tchuen, décédés tous les trois, nous ne saurions oublier Mgr Meignan, évêque de Châlons, et Mgr Sébaux, évêque d'Angoulême.

(2) Pendant la vacance du siège épiscopal, M. l'abbé Chevereau a publié : 1° le 5 août 1874, un mandement ordonnant des prières pour le repos de l'âme de Mgr Fillion et pour le choix de son successeur ; 2° le 27 janvier 1875, un mandement pour le carême de 1875 ; 3° et deux autres circulaires de moindre importance.

reau le soin de publier, en le révisant, avec le concours de M. l'abbé A. Fillion, un travail important de leur ancien aumônier M. l'abbé Levrot : le *Traité de la Vie religieuse* (1).

Un peu plus tard, elles le prièrent de vouloir bien rédiger une notice historique sur les origines de leur congrégation. M. l'abbé Chevereau fut heureux de faire ce travail : il aimait à en raconter quelques-uns des épisodes les plus touchants. « Cette notice biographique, dit-il aux sœurs de Ruillé dans « la préface, c'est presque uniquement de vos lettres et de « vos écrits qu'elle se compose. En réunissant dans ce mo- « deste travail les notes que vous avez bien voulu me confier, « je ne me suis proposé qu'un seul but, celui de vous être « utile.... Voilà pourquoi j'ai voulu rappeler l'esprit si émi- « nemment religieux, l'admirable dévouement, le zèle iné- « branlable de votre pieux fondateur, et des vénérables « sœurs qui l'ont si fidèlement secondé dans son œuvre » (2).

X

En arrivant au Mans en 1875, Mgr d'Outremont, heureux de profiter de l'expérience et de l'autorité dont jouissait M. l'abbé Chevereau, lui continua les pouvoirs de premier vicaire général titulaire.

Malgré son âge avancé, M. Chevereau put supporter pendant plusieurs années les fatigues des visites pastorales pendant lesquelles le nouvel évêque du Mans se rendait chaque jour dans trois et même quatre paroisses différentes. Aussi plein d'attention pour ceux qui l'accompagnent, que porté à s'ou-

(1) *Traité de la vie religieuse* ou résumé des instructions données au noviciat des sœurs de la Providence de Ruillé-sur-Loir, au diocèse du Mans, par M. l'abbé Levrot, chanoine honoraire, aumônier de la communauté. In-12 de 431 pages, chez Ed. Monnoyer, au Mans, 1871.

(2) *Les Sœurs de la Providence de Ruillé-sur-Loir, Notice historique.* Chez Monnoyer, au Mans, 1877. In-18 de 239 pages.

blier lui-même, le vénérable prélat était le premier à engager M. Chevereau à ne pas le suivre dans la visite des écoles ou des autorités de chaque paroisse, et à lui éviter ainsi une part notable de la fatigue.

Dans la première quinzaine du mois de mai, M. Chevereau acompagnait Monseigneur du Mans dans une nouvelle tournée pastorale. Ils étaient arrivés à Parcé, et malgré l'affaissement produit par l'âge, rien ne faisait craindre une mort prochaine. Tout à coup dans la nuit du 11 au 12 mai, un mal subit se déclara, et malgré les soins prodigués par un médecin appelé aussitôt, après une heure seulement de maladie, M. Chevereau rendait le dernier soupir, ayant eu la consolation d'être assisté à ses derniers instants par Mgr d'Outremont et par M. le curé de Parcé et de recevoir les derniers sacrements en pleine connaissance.

Le corps du vénérable défunt fut rapporté au Mans ; et après un service solennel à la Cathédrale, il fut transporté, le samedi 15 mai 1880, à Saint-Gervais-en-Belin pour y reposer dans un caveau de famille auprès de ses deux frères et de sa sœur.

Quoique surpris en réalité par la mort, M. l'abbé Chevereau avait fait connaître ses intentions pour les œuvres pieuses qu'il désirait accomplir après sa mort. Son honorable famille les remplira scrupuleusement ; et, entre les autres legs pieux, elle s'est empressée de donner à l'Évêché du Mans la belle bibliothèque du défunt qui contribuera à réparer les pertes causées par l'incendie de 1871 (1).

(1) Nous avons pu oublier dans cette notice si sommaire plusieurs ouvrages de M. l'abbé Chevereau qui, d'ordinaire, ne signait pas ses publications. Nous serions heureux qu'on voulût bien nous signaler nos erreurs ou nos omissions.

Le Mans. — Imprimerie Leguicheux-Gallienne.

93

www.ingramcontent.com/pod-product-compliance
Lightning Source LLC
LaVergne TN
LVHW020511230826
846091LV00008BA/3456

* 9 7 8 2 0 1 9 9 1 5 8 4 1 *